BEI GRIN MACHT SICH IHR WISSEN BEZAHLT

AF135926

- Wir veröffentlichen Ihre Hausarbeit,
  Bachelor- und Masterarbeit

- Ihr eigenes eBook und Buch -
  weltweit in allen wichtigen Shops

- Verdienen Sie an jedem Verkauf

Jetzt bei www.GRIN.com hochladen
und kostenlos publizieren

Die "Aetas aurea" unter Kaiser Augustus und der Aufstieg Roms

Eine kurze Darstellung

Bibliografische Information der Deutschen Nationalbibliothek:

Die Deutsche Nationalbibliothek verzeichnet diese Publikation in der Deutschen Nationalbibliografie; detaillierte bibliografische Daten sind im Internet über http://dnb.d-nb.de abrufbar.

ISBN: 9783346302557
Dieses Buch ist auch als E-Book erhältlich.

Druck und Bindung: Books on Demand GmbH, Norderstedt Germany
Gedruckt auf säurefreiem Papier aus verantwortungsvollen Quellen

Das vorliegende Werk wurde sorgfältig erarbeitet. Dennoch übernehmen Autoren und Verlag für die Richtigkeit von Angaben, Hinweisen, Links und Ratschlägen sowie eventuelle Druckfehler keine Haftung.

Das Buch bei GRIN: https://www.grin.com/document/960209

SEMINARARBEIT

Rahmenthema des Wissenschaftspropädeutischen Seminars:
Die „Aetas aurea" unter Kaiser Augustus

Leitfach: *Latein*

Thema der Arbeit:

„Augustus – Phoenix aus den Bürgerkriegen"

Abgabetermin: 7. November 2017

Gliederung

1. Einleitung

Das antike Rom kennen wir heute als eine der einflussreichsten Städte, sogar als eines der einflussreichsten Reiche der Geschichte. In diesem Zusammenhang soll der Einfluss des Augustus auf dieses Reich hinterleuchtet, die Aussage „Augustus – Phoenix aus den Bürgerkriegen" betrachtet und sie auf deren Wahrheitsgehalt hin überprüft werden. Das Interesse und der Titel der Seminararbeit begründet sich darauf, dass sich in der Forschung noch niemand mit der Aussage des Themas „Augustus – Phoenix aus den Bürgerkriegen" befasst hat. Des Weiteren sind die Bürgerkriege als ein komplexes, dunkles und blutiges Kapitel der römischen Geschichte ein spannendes Thema für eine Seminararbeit. Auch, dass man teilweise das Schaffen von Augustus nach Beendigung der Bürgerkriege noch heute erkennen kann und man dieses somit leibhaftig erfahren kann, führt zum Interesse am Thema. Der Begriff des Phoenix[1] ist hierzu zu definieren, damit die Bewertung der Aussage „Phoenix aus den Bürgerkriegen" nachvollzogen werden kann. Der Phoenix ist ein Wesen der antiken Mythologie. Der Begriff beschreibt einen Vogel, der am Ende seines Lebenszyklus in Flammen aufgeht und zu Asche wird. Aus seiner eigenen Asche entsteht ein neuer Vogel in neuer Schönheit und Stärke, bis auch dessen Lebenszyklus zu Ende geht und sich der Kreislauf wiederholt. Um das Schaffen des Augustus beurteilen zu können, ist es erforderlich, auf die unmittelbar vor seiner Regierungszeit gelegenen politischen Ereignisse und Probleme einzugehen. Dies geschieht durch die Betrachtung des blutigen Zeitalters der Bürgerkriege, angefangen bei den Gracchen und deren Agrarreformen, über Marius und Sulla bis zu Augustus' Adoptivvater Caesar. In diesem Zusammenhang muss die Zeit der Gracchen und von Marius und Sulla besonders ausführlich betrachtet werden, da diese Zeiten die wesentlichen Gründe der Bürgerkriege und grundlegenden Probleme der römischen Politik zur Zeit der Republik vor dem Kaiserreich bedeuteten. Im Anschluss an die Zeit vor Augustus wird dann auf die Ära des Augustus selbst eingegangen. Dabei wird erörtert, wie Augustus an die Macht gekommen ist, wie er den Frieden im Reich sicherte und Rom zum Aufschwung verhalf. Außerdem wird der Weg aufgezeigt, wie sich Rom unter seiner Regentschaft von der Republik zum Kaiserreich wandelte.*

---

[1] https://www.duden.de/rechtschreibung/Phoenix
* alle Jahresangaben, die nicht ausdrücklich den Zusatz nach Christus (n.Chr.) enthalten, beziehen sich auf den Zeitraum vor Christus (v.Chr.)

2. Zeitalter der Gracchen:

Um im Laufe der Seminararbeit die Aussage „Augustus - Phoenix aus den Bürgerkriegen" beantworten zu können, muss man zuerst den Auslöser dieser Bürgerkriege
näher untersuchen. Dieser Auslöser war wohl die ungerechte soziale Politik, welche
den Konflikt zwischen Optimaten und Popularen immer mehr verstärkte.[2] Dieses ungerechte politische Handeln versuchten die beiden Brüder Tiberius Sempronius
Gracchus und Gaius Sempronius Gracchus durch ihre Agrarreformen zu beenden
und gleichzeitig durch zufriedene Bauern wieder ein schlagkräftiges römisches Heer
aufzustellen.[3]

2.1 Tiberius Sempronius Gracchus:

Den Anfang der Agrarreformen machte der neun Jahre ältere Bruder Tiberius Gracchus.[4] Seine politische Tätigkeit begann nach dem dritten Punischen Krieg im Jahr
137, als er durch Los zum Quästor gewählt wurde, um gegen die Nurmantier mit dem
Konsul Gaius Mancinus in den Krieg zu ziehen.[5] Es gab bereits ein Agrargesetz bzw.
eine Okkupationsgrenze im ersten Drittel des 2. Jahrhunderts. Dieses besagte, dass
keiner mehr als 1,25 Hektar (ha)* Land des „ager publicus"** besitzen sollte. Allerdings war es noch erlaubt, weitere 4,50 ha Weideland zu besitzen. Jedoch versuchte
die reiche Bevölkerung diese Beschränkungen zu umgehen, indem sie Strohmänner
engagierten, die die Pachtverträge abgekauft haben.[6] Über Tiberius' politische Tätigkeit während der Jahre zwischen 136 und 134 ist wenig bis nichts bekannt. Laut Herbert Heftner soll er diese Zeit genutzt haben, um den Gesetzentwurf für die Agrarreformen umzusetzen.[7] Er suchte sich die Unterstützung seines Schwiegervaters Ap-
pius Claudius, Publius Licinius Crassus und Publius Mucius Scaevola. Die beiden
letzteren waren Nobiles, welche für ihre „[…] profunde Rechtskenntnis bekannt[en]"[8]

---

[2] vgl. Bleicken, Jochen, Geschichte der römischen Republik, München, 1992, S. 63
[3] vgl. Bringmann, Klaus, Geschichte der römischen Republik, München, 2002, S. 204
[4] vgl Plutarch, Römische Heldenleben, Stuttgart, 1953, S. 41
[5] vgl. Heftner, Herbert, Von den Gracchen bis Sulla, Regensburg, 2006, S. 43f.
* sämtliche Flächenangaben in ha sind aus dem in den Quellen angegebenen Morgen umgerechnet
  (500 Morgen = 1,25 ha)
** im Eigentum des Staates befindlicher Acker
[6] vgl. Plutarch, Römische Heldenleben, Stuttgart, 1953, S. 44f. sowie
  Heftner, Herbert, Von den Gracchen bis Sulla, Regensburg, 2006, S. 45
[7] vgl. Heftner, Herbert, Von den Gracchen bis Sulla, Regensburg, 2006, S. 44
[8] Heftner, Herbert, Von den Gracchen bis Sulla, Regensburg, 2006, S. 47

waren.[9] Die oben genannte Okkupationsgrenze war, laut Heftner, der Ansatzpunkt für seine Agrarreformen. Aber auch ein Umverteilungsversuch des Gaius Laelius in seinem Konsulat im Jahre 140, soll laut Plutarch als Vorläufer der Initiative des Tiberius Gracchus gedient haben.[10] Tiberius versuchte, nach seinem Amtsantritt als Volkstribun im Dezember des Jahres 134, Stimmung für sein Gesetz zu machen. Er bewarb seine Agrarreform äußerst drastisch. Sein Gesetzentwurf war vergleichsweise mild. Seine Gesetzesvorlage besagte, dass die Einzelpersonen, die mehr als 1,25 ha Land besitzen, dieses überzählige Land zurückgeben sollen und dafür zusätzlich auch noch entschädigt werden. Familienväter durften das Limit von 1,25 ha überschreiten, und zwar für jeden Sohn um 0,625 ha, maximal jedoch auf 2,5 ha. Darüber hinaus wurde den Geschädigten die Sicher- und Abgabefreiheit ihres Besitzes auf Dauer garantiert. Im Weiteren wurde die Verwendung der nun freien Flächen geregelt. Für die Schaffung von Kleinbauernstellen war eine Flächengröße von bis zu 0,075 ha angedacht. Diese Landstücke sollten an die bislang besitzlosen Bauern vergeben werden. Dieser Besitz sollte unveräußerlich sein und für die Fläche eine geringe Abgabe erhoben werden. Um für die praktische Durchsetzung zu sorgen, sollte eine Kommission eingeführt werden, die darauf achtet, dass das gesetzliche Okkupationslimit eingehalten und Vermessungen und Neuverteilungen der Ländereien organisiert wird.[11] Diese Vorhaben stießen auf den Widerstand des Senats. Dieser versuchte durch den Volkstribun Marcus Octavius den Gesetzantrag zu verhindern. Marcus Octavius legte sein Veto gegen das Gesetz ein. Daraufhin zog Tiberius seinen Gesetzentwurf zurück und brachte einen neuen Entwurf, der noch vorteilhafter für das Volk war. Marcus Octavius wollte jedoch von seinem Veto nicht zurückweichen. Deswegen ließ Tiberius darüber abstimmen, ob Octavius im Amt bleiben solle. Dieses Votum fiel zu Gunsten des Tiberius aus mit der Folge, dass Marcus Octavius abgesetzt wurde. Folglich konnte Tiberius nun über seinen Gesetzentwurf erfolgreich abstimmen lassen. Der Entwurf wurde angenommen. Daraufhin wurde die Ansiedlungskommission eingesetzt.[12] Durch die Art und Weise, wie Tiberius den Gesetzentwurf durchgesetzt hatte, brachte er nicht nur seine Gegner noch mehr gegen sich auf, auch dem Volk missfiel diese Handlungsweise.[13] In einem Tumult im Jahr 133

---

[9] vgl. Heftner, Herbert, Von den Gracchen bis Sulla, Regensburg, 2006, S. 47 sowie Plutarch, Römische Heldenleben, Stuttgart, 1953, S. 46
[10] vgl. Heftner, Herbert, Von den Gracchen bis Sulla, Regensburg, 2006, S. 46f.
[11] vgl. Heftner, Herbert, Von den Gracchen bis Sulla, Regensburg, 2006, S. 47ff.
[12] vgl. Bleicken, Jochen, Geschichte der römischen Republik, München, 1992, S. 64f. sowie Plutarch, Römische Heldenleben, Stuttgart, 1953, S. 47ff. (47-50)
[13] vgl. Bleicken, Jochen, Geschichte der römischen Republik, München, 1992, S. 65

wurden er und seine Anhänger von den Senatoren und deren Begleiter angegriffen und getötet.[14] Nach Tiberius' Tod wurden keine Maßnahmen unternommen, um das Agrargesetz aufzuheben.[15] Allerdings wurde die Dreimännerkommission in ihrer Arbeit durch den Senat behindert.[16]

2.2 Der Nachfolger: Gaius Sempronius Gracchus

Ebenso wie sein Bruder bewarb sich Gaius Gracchus als Volkstribun im Jahre 124 und wurde gewählt.[17] Er wollte die von seinem Bruder angestoßenen Reformen auf eine breitere Basis stellen, indem er versuchte, die Interessen mehrerer politischer Gruppen zu berücksichtigen. Vor allem die Ritter versuchte er zu stärken und dem Senat Aufgaben zu entziehen. Dieses Vorhaben gelang ihm durch die Schaffung seines Richtergesetzes. Dieses beinhaltete, dass die Geschworenengerichte nicht mehr durch Senatoren besetzt wurden, sondern durch Ritter.[18] Darüber hinaus übertrug er dem Ritterstand die Einziehung von Steuern und Abgaben in der neu gegründeten Provinz Asia, womit er den Senat weiter gegen sich aufhetzte.[19] Die drei Hauptsäulen seiner Reformbewegung waren einerseits die Kolonisation und Landverteilung, andererseits die Einführung staatlich unterstützter Getreideversorgung für die Plebs in der Stadt Rom und außerdem die Ausstattung der Armee auf Staatskosten. Die Kolonisation und Landverteilung beinhaltete die Wiederaufnahme der Kolonisierung Süditaliens. Die subventionierte Getreideversorgung enthielt die Beseitigung der Probleme bei der Versorgung der städtisch-römischen Bevölkerung mit Getreide. Das Militärgesetz regelt, dass nur Männer, die älter als 17 Jahre waren, herangezogen wurden. Darüber hinaus wurden die Kosten für die Bekleidung vom Staat übernommen.[20] Nach seiner Wiederwahl zum Volkstribun im Jahre 122 v. Chr. während seiner zweiten Amtszeit, wechselte sein verbündeter Gaius Fannius die Seiten und schloss sich dem Senat an. Dadurch wurde eine Gegenoffensive des Senats eingeleitet. Dies hatte zur Folge, dass Gaius Gracchus nicht mehr für eine dritte Amtszeit gewählt wurde. Bei dem Versuch wieder Einfluss zu erlangen, wurden im Jahr 121

---

[14] vgl Plutarch, Römische Heldenleben, Stuttgart, 1953, S. 56f. sowie
Heftner, Herbert, Von den Gracchen bis Sulla, Regensburg, 2006, S. 57
[15] vgl. Heftner, Herbert, Von den Gracchen bis Sulla, Regensburg, 2006, S. 59 sowie
Plutarch, Römische Heldenleben, Stuttgart, 1953, S. 58
[16] http://universal_lexikon.deacademic.com/244973/Gracchus
[17] vgl. Heftner, Herbert, Von den Gracchen bis Sulla, Regensburg, 2006, S. 64f.
[18] vgl. Bringmann, Klaus, Geschichte der römischen Republik, München, 2002, S. 218ff.
[19] vgl. Bringmann, Klaus, Geschichte der römischen Republik, München, 2002, S. 220ff.
[20] vgl. Bringmann, Klaus, Geschichte der römischen Republik, München, 2002, S. 222f.

Gaius Gracchus und sein Kollege Flavius Flaccus sowie viele Anhänger getötet. Dies war das erste Mal, dass der Staatsnotstand (Senatus consultum ultimum) ausgerufen wurde.[21]

3. Marius und Sulla

Nachdem die erste Gefährdung der römischen Republik durch die Gracchen abgewendet werden konnte, trat nun Gaius Marius deren „Nachfolge" an.

3.1 Marius' politische Karriere bis zur Alleinherrschaft

Bis zum Jahr 116 hatte Marius immer wieder kleinere Ämter inne, die er allesamt gut bewältigte. Im Jahr 116 wurde ihm dann die Provinz Südspanien als Stadthalter übertragen. Dieser Aufgabe war er jedoch nicht gewachsen. Dadurch schien seine politische Karriere schon frühzeitig beendet.[22] Durch den andauernden Konflikt gegen Jugurtha gewann er wieder an Ansehen und Einfluss. Durch einen Beschluss des Volkstribun Manlius Mancinus sollte Marius ohne feste zeitliche Grenze das Kommando über Afrika übertragen werden.[23] Laut Werner Schur „[Damit] war eine neue Phase der Revolution eingeleitet [worden].", da er fast diktatorähnlichen Einfluss hatte.[24] Um Roms Wehrkraft zu stärken, entschloss sich Marius, die Proletarier als Kriegsfreiwillige in das Heer aufzunehmen. Im Jahr 107 traf er das erste Mal auf seinen späteren Widersacher Lucis Cornelius Sulla. Dieser war zu dieser Zeit Quaestor und kämpfte an der Seite Marius'.[25] Der Konflikt mit Jugurtha war im Jahr 105 beendet. Ebenfalls Jahr 105 drangen die Kimbern in das römische Reich ein. Auf Grund der scheinbar aussichtslosen Lage wurde Marius zum zweiten Mal als Konsul berufen, um mit seiner Armee, die bereits in Afrika gegen Jugurtha erfolgreich gekämpft hatte, die Kimbern aufzuhalten. Nachdem es zu dieser Zeit nicht zulässig war, das Amt des Konsuls zweimal in Folge zu begleiten, wurden die Intervallbestimmungen aufgehoben, damit Marius ein zweites Mal Konsul werden konnte.[26]

---

[21] vgl. Heftner, Herbert, Von den Gracchen bis Sulla, Regensburg, 2006, S. 72 sowie Plutarch, Römische Heldenleben, Stuttgart, 1953, S. 70ff.
[22] vgl. Schur, Werner, Das Zeitalter des Marius und Sulla, Aalen, 1968, S. 51f.
[23] vgl. Schur, Werner, Das Zeitalter des Marius und Sulla, Aalen, 1968, S. 58 und 66ff.
[24] vgl. Schur, Werner, Das Zeitalter des Marius und Sulla, Aalen, 1968, S. 67
[25] vgl. Schur, Werner, Das Zeitalter des Marius und Sulla, Aalen, 1968, S. 68
[26] vgl. Schur, Werner, Das Zeitalter des Marius und Sulla, Aalen, 1968, S. 70ff.

„Über alle Sicherungen des aristokratischen Staates hinweg trug das Vertrauen des Volkes den Mann an die Spitze, von dem allein man noch die Rettung aus der lebenbedrohenden Not erwartete. Als Vertrauensmann der Nation stieg der große Soldat zu tatsächlicher Alleinherrschaft in der Republik empor."[27]

3.2 Alleinherrschaft des Marius

Marius rüstete sich mit Sulla an seiner Seite für den Kimbernkrieg. Um die Armee zu stärken, weiter zu disziplinieren und auszubilden, wurde Marius fortlaufend zum Konsul gewählt. Diese ständigen Wiederwahlen wurden durch die Pläne der Kimbern begünstigt, da diese zunächst in Spanien ihre Eroberungszüge fortsetzten. Danach erst haben sie sich entschlossen, nach Gallien zurückzukehren. Die Wanderstämme der Kimbern, Teutonen und Ambronen bereiteten sich für einen gemeinsamen Angriff auf die Römer Im Jahr 102 vor. Jedoch konnte Marius sie besiegen und kehrte als Held nach Rom zurück. Da die außenpolitische Gefahr nun gebannt war, bahnte sich nun ein innenpolitisches Machtspiel zwischen Senat und Volk an.[28]

3.3 Ende der Alleinherrschaft

Im Jahr 103 wurde Saturninus Volkstribun. Dieser und Marius waren um eine enge Zusammenarbeit bemüht. Beide versuchten nun, die Lösung der Probleme, die bereits die Gracchen zu lösen versucht hatten, anzugehen. Saturninus schlug dies mit Hilfe eines Getreidegesetzes vor, welches allerdings abgelehnt wurde. Nachdem die Wanderstämme erfolgreich besiegt wurden, ließ sich Saturninus im Jahr 100 zum zweiten Mal zum Volkstribun wählen. Er versucht wieder außeritalische Kolonien durchzusetzen. Marius, der in diesem Jahr bereits zum sechsten Mal Konsul war, musste den vom Senat ausgerufenen Staatsnotstand, der wegen dem radikalen Verhalten Marius' Anhänger ausgerufen wurde, selbst durchführen und somit seine eigenen Anhänger erschlagen lassen. Dies hatte zur Folge, dass Marius seinen gesamten politischen Einfluss verlor.[29]

---

[27] Schur, Werner, Das Zeitalter des Marius und Sulla, Aalen, 1968, S. 68
[28] vgl. Heftner, Herbert, Von den Gracchen bis Sulla, Regensburg, 2006, S.100ff.
[29] vgl. Bleicken, Jochen, Geschichte der römischen Republik, München, 1992, S. 70

3.4 Bundesgenossenkrieg

Zwischen dem Ende der Alleinherrschaft des Marius und dem Beginn der Alleinherrschaft des Sullas versuchte Marcus Livius Drusus während seines Volkstribunats im Jahre 91 die Einbürgerung der Bundesgenossen durchzusetzen. Der Senat lehnte den Gesetzentwurf dazu jedoch ab. Drusus wurde in seinem eigenen Haus ermordet. Als Folge sahen die Führer der Bundesgenossen kaum Hoffnung auf eine friedliche Lösung für den Konflikt mit dem Senat. Die Enttäuschung der Bundesgenossen spitzte die schon angespannte Lage immer weiter zu, was schließlich zum ersten Bundesgenossenkrieg führte. Bis zum Winter des Jahres 90/89 hatten die Bundesgenossen die Oberhand. Die Imperatoren schlugen in dieser Zeit die Aufstände im Etrusker- und Umbrergebiet nieder. Dies war ein Wendepunkt dieses Krieges. Die Aufstandsbewegung der Bundesgenossen wurde nun eingeschränkt und die Römer stärkten dadurch wieder ihre Vormachtstellung. Im Jahr 89 brach der Widerstand der Italiker zusammen. Um die Bundesgenossen friedlich zu stimmen, boten die Römer den Italikern das Bürgerrecht an. Daraus folgte, dass Rom als zentraler Ort eines gesamtitalischen Reiches fungieren konnte und der Krieg im Winter 89/88 beendet wurde. Im Zeitraum zwischen den Jahren 88 und 85 entbrannte zwischen Marius und seinem einstigen Weggefährten Sulla ein Machtkampf in Rom.[30]

3.5 Der Weg zum Bürgerkrieg

König Mithritades IV. ergriff als Folge der Streitigkeiten zwischen Marius und Sulla die Gelegenheit, das geschwächte Rom anzugreifen. Der Senat übertrug dem Konsul Lucius Cornelius Sulla das Heereskommando. Der Volkstribun P. Sulpicius Rufus schloss mit Marius ein Bündnis und erzwang in einer Volksversammlung das Kriegskommando dem Marius zu übertragen.[31]

---

[30] vgl. Heftner, Herbert, Von den Gracchen bis Sulla, Regensburg, 2006, S.118ff.
[31] vgl. Bleicken, Jochen, Geschichte der römischen Republik, München, 1992, S. 72 sowie Heftner, Herbert, Von den Gracchen bis Sulla, Regensburg, 2006, S.138ff.

3.6 Sullas Weg zur Alleinherrschaft

3.6.1 Der Marsch auf Rom

Sulla war mit dieser Entscheidung nicht einverstanden, zögerte jedoch noch, gegen Rom zu ziehen. Letztendlich entschloss er sich doch noch dazu. Dies veranlasste seine Offiziere, das Lager zu verlassen. Nur einer folgte ihm, was auch die Meinung des Senats widerspiegelte, der das Verhalten Sullas missbilligte. Der Senat versuchte Sulla vom Weitermarsch abzuhalten. Allerdings ignorierte Sulla dies. In der Folge gewann er daraufhin die Macht in Rom, da Marius flüchtete und Sulpicius getötet wurde. Sulla erklärte seine politischen Gegner zu Staatsfeinden. Dies war jedoch nicht von Erfolg gekrönt, da viele flüchten konnten. Sulla rief Marius nach Rom zurück, da er ihn für das Jahr 86 als Konsul bestellte. In diesem Jahr verstarb Marius.[32]

3.6.2 Machtergreifung Sullas

Nachdem Sulla seine außenpolitischen Feinde bezwingen konnte, übernahm er dadurch gestärkt die Macht in Rom. Allerdings war der römische Staat aufgrund der vielfältigen Probleme durch die vorangegangenen Krisen am Rande der völligen Auflösung und stellte Sulla damit vor eine schwierige Aufgabe.[33]

3.7 Sullas Alleinherrschaft und die Stärkung Roms

Um die Probleme Roms zu lösen, forderte Sulla den Senat auf, ihn zum Diktator zu ernennen. Dies war das erste Mal seit dem Jahr 202. Die erste Maßnahme war, dass er Proskriptionen über seine Gegner verhängte. Weitere Maßnahmen betrafen die umfangreiche Neuordnung des politischen Wesens, die zur Stärkung der Optimaten beitragen sollte. So wurde auch das Amt des Volkstribuns wieder in seiner Macht beschränkt. Dies war erkennbar durch die Beschneidung sowohl des Gesetzgebungsinitiativ- als auch Interzessionsrechtes. Das Interzessionsrecht bezeichnet das Recht, die Schuld eines Anderen auf sich zu nehmen. Folglich konnten die Volkstribune den Senat schlechter kontrollieren. Außerdem durften die Volkstribune im Anschluss an ihre Amtszeit keine höheren Ämter mehr bekleiden. Darüber hinaus machte er das

---

[32] vgl. Heftner, Herbert, Von den Gracchen bis Sulla, Regensburg, 2006, S.141ff., sowie Bleicken, Jochen, Geschichte der römischen Republik, München, 1992, S. 72
[33] vgl. Bleicken, Jochen, Geschichte der römischen Republik, München, 1992, S. 72 ff.

Richtergesetz des Gaius Gracchus rückgängig, mit der Folge, dass die Geschworenenbänke nur durch Senatoren besetzt wurden. Außerdem dezentralisierte er die militärische Macht, in dem er diese den einzelnen Provinzen zuordnete und der Oberhand Roms entzog. Schließlich legte er im Jahr 79 seine Diktatur nieder, bevor er im
Jahr 78 starb.[34]

4. Das Erste Triumvirat

4.1 Der Weg zum Ersten Triumvirat

Viele Optimaten waren mit der politischen Struktur unzufrieden und strebten Verän-
derungen an. So wurde befürchtet, dass ein Stück der alten Freiheit, wie das freie
politische Zusammenspiel der einflussreichen Familien Roms, unterbunden werden
könnte. Deshalb gab es Unternehmungen, die sullanische Ordnung aufzuheben. Ser-
torius, einer der Anführer der Popularenbewegung, wurde im Jahr 75 in seinen Aktivi-
täten gegen die Optimaten eingeschränkt. Dies hatten die Römer vor allem Gnaeus
Pompeius Magnus zu verdanken, der später einer der drei Triumviren werden sollte.
Im Jahr 72 kam es auch zu einer militärischen Auseinandersetzung der Beiden, aus
der Pompeius als Sieger hervorging. Marcus Licinius Crassus, ebenfalls einer der
Triumvirn, hat im Jahr 71 den Sklavenaufstand des Spartacus niedergeschlagen. Sowohl er als auch Pompeius kehrten nach Rom zurück, und man erwartete nun von
ihnen, die innenpolitische Situation zu stabilisieren. Beide wurden im Jahr 70 zu Kon-
sulen gewählt. Die von Sulla gegen die Volkstribune durchgesetzten Einschränkun-
gen wurden von ihnen wieder aufgehoben. Darüber hinaus veränderten sie die Zu-
sammensetzungen der Geschworenenbänke erneut. Sie setzten sich aus 1/3 Senatoren, 1/3 Ritter und 1/3 Ärartribune, die aus einer Gruppe wohlhabender Funktionäre
der Tribusorganisation mit Ritterzensus entstammen, zusammen. Im Jahr 70 schließlich wurden 64 sullagetreue Anhänger aus dem Senat gestoßen. Auch Sullas Militär-
reform brachte Probleme mit sich, da die auf die einzelnen Provinzen beschränkte
Zuständigkeit nicht alle Aufgaben bewältigen konnte. Größere militärische Operatio-
nen waren nicht möglich. Es mussten hierfür besondere Kommandogewalten einge-
holt werden. Dies verschärfte noch die politischen Spannungen. Zwischen den Jahren 67 und 62 wurden von Pompeius sowohl die Auseinandersetzungen mit den

---

[34] vgl. Bleicken Jochen, Geschichte der römischen Republik, München, 1992, S. 73 ff.

Seeräubern als auch der Krieg gegen König Mitradates VI. gewonnen.[35] Die Feinde des Pompeius waren geschickt und brachten ihn in eine Lage, in der sein politischer Einfluss am Ende schien. [36] Als der Konsul Caecilius Matellus mit Hilfe der Unterstützung von Marcus Porcius Cato gelang, Pompeius politisch zu blockieren, führte das zum Triumvirat zwischen Caesar, Pompieus und Gracchus. Caesar war vorher einer der aufstrebendsten Politiker in Rom, war Statthalter in Spanien und festigte seinen Ruf als fähiger Stratege. Die Senatoren blockierten jedoch seine weiteren politischen Ambitionen. Daher ging er im Jahr 60 das Dreierbündnis ein.[37]

4.2 Das Erste Triumvirat

Um die von allen erhofften Ziele zu erfüllen, wollte man Caesar als Konsul durchsetzen. Dies gelang schließlich im Jahr 59. In seinem Konsulat setzte Caesar alles Vereinbarte rücksichtslos durch. Dies war wohl der Anfang vom Ende der Republik. Caesar erwies sich als guter Stratege und untermauerte durch verschiedene Maßnahmen seinen Einfluss in der Politik sowie beim Volk. Darüber hinaus festigte er auch seine politische Stellung nach dem Konsulat, in dem er sich das Prokonsulat für die Provinzen Gallien und Ellyrikum über einen Zeitraum von fünf Jahren sicherte. Er besiegte die Gallier. Danach begann vor allem das Verhältnis zwischen Pompeius und Caesar zu bröckeln. Deshalb wurde das Triumvirat im Jahr 56 in Lucca erneuert. Im Jahr 55 fanden die Konsulenwahlen statt. Mit Hilfe von Geld und Gewalt schafften es die Triumvirn, dass Pompeius und Crassus gewählt wurden. Mit Hilfe von neuen Gesetzen sicherten sie sich ihre Vormachtstellung. Als Crassus im Jahr 53 in einem von ihm selbst ausgelösten Krieg gegen die Parther gestorben ist, kam es zum Bruch des Triumvirats, auch da Caesar und Pompeius sich voneinander entfernten. Beide versuchten sich nun gegenseitig mit Hilfe von rechtlichen Mittel auszuschalten. Caesar wurde schließlich am 6. Januar 49 von seinem Kommando enthoben, zum Hochverräter erklärt und der Staatsnotstand gegen ihn ausgerufen. Als Caesar in der Nacht des 11. Und 12. Januar den Grenzfluss Rubicon überschritt, war dies der Beginn des Bürgerkrieges.[38]

---

[35] vgl. Bleicken Jochen, Geschichte der römischen Republik, München, 1992, S. 76 ff.
[36] vgl. Bringmann Klaus, Geschichte der römischen Republik, München, 2002, S. 308 ff.
[37] vgl. Bringmann Klaus, Geschichte der römischen Republik, München, 2002, S. 310 ff.
[38] vgl. Bringmann Klaus, Geschichte der römischen Republik, München, 2002, S. 312 ff. sowie Bleicken Jochen, Geschichte der römischen Republik, München, 1992, S. 82 ff.

4.3 Bürgerkrieg, Diktatur und Tod Caesars

Pompeius floh aus Rom und Caesar konnte ihn im Jahr 48 vernichtend schlagen. Im Jahr 46 schlug Caesar nun den verbliebenen Teil der Opposition bei Thapsus und war somit der alleinige Herrscher Roms. Er missachtete die traditionelle Ordnung, so erinnerte zum Beispiel sein äußeres Erscheinungsbild an die verhassten Könige Roms und er setzte die Beamte selbst ein, was dazu führte, dass die Wahlen nur noch wegen der formalen Gründe durchgeführt wurden. Dadurch brachte er das Volk weiter gegen sich auf. Dieser Hass entlud sich am 15. März 44, den sogenannten Iden des März. Er wurde von einer rund 60 Personen umfassenden Gruppe Senatoren um Marcus Iunius Brutus und Gaius Cassius Longinus ermordet. [39]

5. Das Zweite Triumvirat

5.1 Der Weg zum Zweiten Triumvirat

Nach Caesars Ermordung kam es zwischen den Anhängern Caesars und dessen Mördern zu Tumulten. Marcus Antonius trat zunächst das Erbe Caesars an. Dieser war bereits zu Lebzeiten Caesars dessen Anhänger. Er entschied den Konflikt gegen die Mörder Caesars für sich. Die Hauptverschwörer Brutus und Cassius wurden in den Osten des Reiches abgeschoben. Allerdings schürte Marcus Tullius Cicero in Rom den Widerstand, was dazu führte, dass sich Cicero die Unterstützung des Gaius Octavius, dem späteren Augustus, erhoffte, um als Gegengewicht zu Antonius zu fungieren. Zusammen mit Marcus Antonius ging Augustus in den Westen, wo sie sich mit dem Statthalter Marcus Aemilius Lepidus zusammenschlossen. Somit verriet Augustus Cicero und den Senat.

5.2 Das Zweite Triumvirat

Die Drei beschlossen im Jahr 43 in Bononia zusammen das Zweite Triumvirat. Sie wollten eine fünf Jahre dauernde Militärdiktatur errichten.[40] Die drei Triumvirn teilten die Provinzen unter sich auf, die wichtigsten Provinzen im Westen erhielt Antonius. Am 27. November 43 erhielten die drei Männer weitreichende Befugnisse im Staat,

---

[39] vgl. Bleicken Jochen, Geschichte der römischen Republik, München, 1992, S. 87 ff.
[40] vgl. Bringmann Klaus, Geschichte der römischen Republik, München, 2002, S. 377 ff. sowie
Bleicken Jochen, Geschichte der römischen Republik, München, 1992, S. 90 ff.

wie z.B. Militär- und Steuerrecht. Sie erließen, ähnlich wie Sulla, Proskriptionen gegen ihre politischen Gegner, die zur Absicherung der persönlichen Macht der Drei dienten. Im Vergleich zu Sulla handelten sie aber aus einem Zwang heraus, da sie Italien erst vollständig beherrschen mussten, um gegen die politischen Gegner um Sextus Pompeius, Brutus, Cassius und die Republikaner vorzugehen. Dieses Vorgehen brachte immense moralische und wirtschaftliche Schäden für Rom mit sich. Nichtsdestotrotz, erreichten sie ihr Ziel, die politischen Gegner auszuschalten und sich für den anstehenden Krieg im Osten politisch zu rüsten. Die Caesarmörder wurden in einer Doppelschlacht bei Phlippi geschlagen und die Anführer Brutus und Cassius begingen Selbstmord. Es kam trotzdem zu weiteren Problemen, da Sextus Pompeius im Westen des Reiches an Einfluss gewann. Octavian gab schließlich dem Druck der Bevölkerung nach und ließ sich zu einem Friedensvertrag mit Pompeius umstimmen. Dieser Vertrag von Misenum beinhaltete, dass Sextus Pompeius Sizilien, Korsika und Sardinien behalten durfte, darüber hinaus erhielt er die Herrschaft über die Peloponnes. Dies brachte die erhofften Erleichterungen für die Römischen Bürger, denn Pompeius musste die von ihm errichtete Blockade vor der Küste Italiens, aufgeben und die Lebensmittelversorgung übernehmen. Dieser Vertrag erwies sich auf lange Sicht günstig für Octavian, da seine Machtstellung in Italien, Gallien und Spanien gesichert wurde. Darüber hinaus gewann er erhebliches Ansehen, da sein Adoptivvater Caesar nun vergöttlicht wurde und er somit als Sohn eines Gottes galt. Trotz des Friedensvertrags gab es weitere Konflikte mit Pompeius, die letztendlich im Jahre 36 mit der Entscheidungsschlacht an der Nordküste Siziliens zwischen Octavian und Pompeius mündeten. Pompeius musste Sizilien räumen und ging Richtung Westen, wo er schließlich in einem Kampf gegen Antonius vernichtet wurde. In Folge dessen wollte Lepidus sich Sizilien einverleiben, was Octavian verhinderte und Lepidus in die Verbannung nach Circei im Jahre 36 schickte. Dies führte dazu, dass das Reich nun in zwei Hälften zerfiel, der westliche Teil wurde durch Octavian regiert, der Osten durch Antonius. Augustus verkündete die Bürgerkriege offiziell für beendet, allerdings gab es ja noch die Entscheidungsschlacht gegen Antonius, die inoffiziell auch als Bürgerkrieg gewertet werden kann (vergleiche 6.1). Beide begannen damit ihre Reichshälften auszubauen. Das offizielle, noch bestehende Bündnis bröckelte nun immer stärker, da Antonius die Königin Ägyptens, Kleopatra, heiratete, was somit die Trennung zwischen ihm und Octavians älterer Schwester Octavia bedeutete. Antonius führte darüber hinaus einen Feldzug gegen die Parther im Jahr 36, der in einer schweren Niederlage endete. Octavian hingegen feierte in Illyrien zwischen den Jahren 35 und 33 einen militärischen Erfolg. Octavians militärische und politische Erfolge führten dazu, dass er eine bessere Stellung im Vergleich zu Antonius innehatte. Octavian hatte immer weiter gegen Antonius gehetzt, vor allem kritisierte er immer wieder das großzügige Verhältnis zu Kleopatra, da er sowohl ihr, als auch deren Söhnen Ländereien vermachte. Auch der zwischenzeitlich im Jahr 37 geschlossene Vertrag von Tarent, mittels welchem die drei Machthaber Lepidus, Antonius und Octavian ihre triumvirale Macht um weiter fünf Jahre erneuerten, war nun abgelaufen. Im Jahr 32 schickte Antonius der Octavia den Scheidungsbrief, was einer Kriegserklärung Octavian gegenüber gleichzusetzen war. Antonius ließ sein Testament schreiben, welches Octavian veröffentlichte. Antonius verfügte, dass er neben Kleopatra in Alexandria beigesetzt werden wollte und er erließ Bestimmungen zugunsten deren Kinder. Dies führte dazu, dass sich auch die letzten verbliebenen Sympathisanten von Antonius abwandten. Anschließend wurde ihm jegliche Amtsgewalt abgesprochen, sowie Kleopatra der Krieg erklärt. Eine entscheidende Niederlage fügte Octavian dem Antonius am 2. September 31 in der Seeschlacht bei Actium zu. Antonius flüchtete nach Ägypten. Octavian folgte ihm dorthin und schlug ihn am 1. August 30. Antonius beging daraufhin Selbstmord, genauso wie wenig später Kleopatra. Somit war Augustus' einflussreichster Gegner besiegt und die Zeit der Bürgerkriege war nun beendet (vergleiche 6.1). [41]

6. Die Ära des Augustus und der Aufschwung Roms

6.1 Augustus' Alleinherrschaft

Nun versuchte Octavian Rom zu stabilisieren und seine Pläne für eine Monarchie durchzusetzen. Dazu musste er es schaffen, eine Regierungsform zu finden, die für alle Bevölkerungsschichten akzeptabel war. Erleichtert wurde die Umsetzung dadurch, dass der Senat ihm diverse Ehren zusprach. Dies brachte ihm auch religiöses Ansehen. Darüber hinaus verlieh ihm der Senat ein Königsrecht und durfte somit die Patrizier ernennen. Ebenso wichtig war, dass er die Befugnis bekam, Richtersprüche aufzuheben bzw. abzuändern. Am 1. Januar 29 beschloss der Senat feierlich, alle Verfügungen Octavians anzuerkennen und einzuhalten. Die Schließung des Janustempels* am 11. Januar 29 war ein weiteres wichtiges Ereignis, da er dadurch

---

[41] vlg. Kienast, Dietmar, Augustus, Darmstadt, 2009, S. 37ff. sowie
    Bleicken, Jochen, Geschichte der römischen Republik, München, 1992, S. 92f.
* Der Janustempel wurde nur dann geschlossen, wenn im ganzen römischen Reich Frieden herrschte
    (vgl. https://de.wikipedia.org/wiki/Janustempel_(Rom))

als Friedensbringer mit breiter Zustimmung und göttlicher Hilfe wirkte. Sein Ziel der Monarchie versuchte er auch durch eine nach außen hin erscheinende Einhaltung der republikanischen Ordnung und ein stets respektvolles Verhalten gegenüber dem Senat zu erreichen. Darüber hinaus erklärte er sein Verhalten während der Bürgerkriege für ungültig, womit er seiner Opposition entgegenwirkte. Am 13. Januar 27 gab Octavian seine außerordentlichen Gewalten zurück und erhielt am 16. Januar 27 den Namen Augustus. Im Januar 27 gab er schließlich auch noch die „res publica", d.h. wörtlich übersetzt die öffentliche Sache also sinngemäß die Staatsgewalt, dem Senat zurück, woraufhin er vom Senat schließlich die Fürsorge und den Schutz des gesamten Staates aufgedrängt bekam. Augustus hatte seine uneingeschränkte Macht niedergelegt und dadurch vom Senat die Anerkennung seiner Ausnahmestellung erreicht. Der Senat übertrug ihm zehn Povinzen, die er als Konsul und Paetor verwalten sollte, das sogenannte „imperium proconsulare". Im weiteren Verlauf des Jahres 27 kam es zum Beginn einer ersten kleinen Krise, als mehrere Politiker Erfolge feierten. Dies veranlasste Augustus, nach Gallien und Spanien aufzubrechen, damit er sich selbst wieder politischen Ruhm und Anerkennung zufügen konnte. Nach mäßigen Erfolgen kehrte er im Jahr 24 wieder nach Rom zurück. Im Jahr 23 schließlich gab es eine gegen ihn gerichtete Verschwörung, die allerdings rechtzeitig aufgedeckt werden konnte. Äußerst kritisch war auch eine lebensgefährliche Krankheit, die die Nachfolgefrage akut machte. Marcus Vipsanius Agrippa sollte mit dieser Aufgabe betraut werden. Schließlich legte Augustus im Juni 23 sein Konsulat, welches er bereits elfmal bekleidet hatte, nieder. Daraufhin übernahm er alle Rechte, die ein Volkstribun auch besaß. Der Senat übertrug ihm auch noch weitere Rechte. Im gleichen Jahr wurde ihm das „imperium proconsulare" erweitert und das „imperium proconsulare maius" übertragen. Dadurch hatte er die Befugnis, auch in den im Senatsbesitz befindlichen Provinzen Entscheidungen zu treffen. Dies bedeutete die rechtliche Absicherung seiner militärischen Stellung. Auch in seinem engsten Kreis gab es Spannungen, so zum Beispiel mit Maecenas und Agrippa. Augustus ließ Agrippa aus Rom entfernen. Im Jahr 23 starb sein Neffe Marcellus, welchen er zwischenzeitlich als seinen Nachfolger vorgesehen hatte, was dazu führte, dass die Nachfolgerfrage wieder neu geregelt werden musste. Eine Getreidenot führte zu einer Hungersnot des Volkes. Dies wurde von den Bürgern so interpretiert, dass all das eine Folge des Rücktritts von Augustus vom Konsulats war. Sie wünschten sich daher die Diktatur des Augustus. Im Jahr 19 gab es nun, in Abwesenheit von Augustus, Unruhen bei den Konsulwahlen, was dazu führte, dass Augustus einen geeigneteren Kandidaten einsetzte und dadurch bei seiner Rückkehr aus Campanien am 12. Oktober 19 feierlich in Rom empfangen wurde. All das hatte die Auswirkungen, dass man in Rom erkannte, dass Augustus als Regent alternativlos war. Dies führte auch dazu, dass der Senat ihm weitere Rechte übertrug. Im Jahr 17 adoptierte er nun seine beiden Enkel Gaius und Lucius Caesar, wodurch die Nachfolgefrage gelöst schien. Im gleichen Jahr wurde innenpolitisch auch ein Jahrhundert des Friedens eingeläutet. Außenpolitisch bereitet sich Augustus auf die Eroberung der Alpenländer und Galliens vor. Allem Anschein zum Trotz war Augustus' Alleinherrschaft nicht so stabil wie oft angenommen, da er seine außerordentlichen Vollmachten des „imperium proconsulare" nie auf Lebenszeit zugesprochen bekommen hatte, sondern lediglich auf maximal 10 Jahre. Im Jahr 16 begann Augustus nun seine Expansionspolitik mit der Neuordnung der Machtverhältnisse in Gallien. Seine Stiefsöhne Drusus und Tiberius unterwarfen währenddessen die Alpenländer. Er kehrte im Jahre 13 zusammen mit Agrippa zurück, da das „imperium proconsulare" der beiden abgelaufen ist. Es wurde für beide um jeweils fünf Jahre verlängert. Darüber hinaus, wurde der „Ara Pacis Augustae" vom Senat beschlossen und in Auftrag gegeben. Dieser Altar soll, wie es der Name auch besagt - der Altar des Friedens des Augustus -, für den von Augustus geschaffenen Frieden stehen. Augustus regelte auch die Dienstzeit der Soldaten neu, sowie die Abfindung der Soldaten mit Geld an Stelle von Landzuweisungen. Dies weckte die Hoffnung in der Bevölkerung, nie wieder ihren Besitz zu verlieren. Im Winter 13/12 starb allerdings Agrippa an einer Krankheit. Dies schwächte die innenpolitische Stellung des Augustus schwer. Da seine beiden Enkel noch zu jung waren, sollte sein Stiefsohn Tiberius Iulius Caesar Augustus zum zweiten Mann im Staat aufsteigen. Desweiteren verlegte der Augustus auch das religiöse Zentrum zu seinem Palast, indem er ein Teil seines Hauses der Öffentlichkeit zugänglich machte und dort ein Heiligtum der Vesta errichtete. Somit war nun sein Palast nicht nur politisches, sondern auch noch religiöses Zentrum des Reichs. In den Jahren 13 bis 8 eroberten Augustus' Stiefsöhne, Tiberius und Drusus, den Donauraum, sowie das freie Germanien. Allerdings starb Drusus im Jahre 9, an den Folgen einer Verletzung. Dessen Tod war ein herber Verlust, da Augustus ein erfolgreicher und tüchtiger Feldherr verloren ging. Erstaunlich war in diesem Zusammenhang, dass in einer Zeit von vereinzelten, innenpolitischen Schwierigkeiten, der Monat Sextilis des Julianischen Kalenders im Jahr 8 in Augustus umbenannt wurde. Dies war ein Beleg für die Festigung des Kultes um die Person des Augustus. Im gleichen

Jahr wurde das „imperium proconsulare" auf 10 Jahre verlängert. Im Anschluss an diese Verlängerung kam erneut die Frage der Nachfolge auf. Öffentlich sollte es so wirken, dass Tiberius sein Nachfolger werden sollte. Deswegen wurde diesem im Jahr 6 das „imperium proconsulare maius" verliehen, wodurch er auf eine Stufe mit Augustus gestellt wurden. Im gleichen Jahr ging Tiberius jedoch in ein freiwilliges Exil, da er bemerkte, dass Augustus den Gaius Caesar als seinen Nachfolger aufbaute. Dass Tiberius mit seiner Auffassung recht hatte, war dadurch erkennbar, dass Augustus seine beiden adoptierten Enkel Gaius und Lucius der Öffentlichkeit vorstellte. Am 5. Februar des Jahres 2 wurde Augustus vom Senat noch der Titel „pater patriae" verliehen. Durch diesen Titel unterstellte sich das gesamte römische Volk freiwillig dem Prinzeps Augustus. Außerdem erhielten Gaius und Lucius Caesar ein designiertes Konsulat, welches Gaius Caesar im Jahr 1 n.Chr., Lucius Caesar im Jahr 3 n.Chr. antreten sollten. Im Jahr 2 n.Chr. starb aber Lucius Caesar, und Tiberius kehrte im selben Jahr nach Rom zurück. Auch das „imperium proconsulare" des Augustus wurde in diesem Jahr um weiter 10 Jahre verlängert. Am 21. Februar 4 n.Chr. starb auch Gaius Caesar. Deshalb adoptierte Augustus am 26. Juni 4 n.Chr. den Agrippa Postumus, den Bruder der beiden Caesars, und Tiberius. Der Tod der beiden Caesares und die Verbannung von Augustus' Tochter Iulia mit der offiziellen Begründung in ihrem Lebensstil, verschärfte die innenpolitische Situation erneut. Augustus erließ daraufhin ein neues Sozialgesetz, welches die Freilassung von Sklaven regelte. Demnach durften nicht mehr als 100 Sklaven durch Testament freigelassen werden. Dies machte er um die Zahl der städtischen Plebs niedrig zu halten, da er von diesen Unruhen erwartete. In den Jahren 5 n.Chr. bis 9 n. Chr. war Rom von Hungersnöten geplagt. Zwischen den Jahren 7 n.Chr. und 11 n.Chr. kam es zu Wahlunruhen und in den Jahren 6 n.Chr. und 12 n.Chr. ging er gegen die Verbreitung von Schmähschriften gegen seine Person vor. Probleme bereiteten ihm auch Unruhen in verschiedenen Städten sowie Piraten, die den Mittelmeerraum bedrohten. Nachdem Agrippa Postumus die ihm seiner Auffassung nach angemessene Anerkennung nicht zuteilwurde, hat Augustus diesen auf der Insel Planasia isoliert. Im Jahr 13 n.Chr. wurde sowohl die tribuzinische Gewalt des Augustus und des Tiberius verlängert. Darüber hinaus wurde dem Tiberius das „imperium proconsulare maius" verliehen. Augustus versuchte nun, einen reibungslosen Herrschaftswechsel an Tiberius durchzuführen. Dies wollte er sowohl durch sein Testament, als auch durch die bereits erfolgten Verleihungen von Gewalten an Tiberius sicherstellen. In seinem Testament vom 3. April 13 n.Chr. ordnete er für die städtischen Plebs und die Truppen Geldge-schenke an, um diese zufriedenzustellen. Er verfügte außerdem, dass seine Frau und Tiberius den Ehrentitel Augustus bekommen sollten. Durch seine testamentari-schen Verfügungen war nun die Bildung der neuen Monarchie abgeschlossen. Diese neu geschaffene Monarchie war nun sogar legitimiert durch die Verleihung des Au-gustusnamens und des Ehrentitels „pater patriae". Mit der Übertragung dieses Titels auf Augustus, verpflichteten sich die römischen Bürger, die gegenüber dem Familien-oberhaupt (pater familias) obliegenden Pflichten, auch Augustus zu erfüllen. Um als einer der bislang bedeutendsten Männer Roms zu erscheinen, ließ Augustus einen Überblick über das Schaffen seiner Amtszeit in Form einer Bilanz über die finanzielle und militärische Stärke erstellen. Augustus starb am 19. August im Jahr 14 n.Chr. Am 17. September des gleichen Jahres wurde Augustus unter die Götter aufgenom-men. Tiberius wurde nun das Prinzipat, sowie das „proconsulare imperium" auf unbe-stimmte Zeit übertragen. Somit war der Fortbestand der neuen Monarchie gewähr-leistet.[42]

6.2 Der Aufschwung Roms

Ein erster Aufschwung war erkennbar, als Augustus die stadtrömischen Plebs, die vor seiner Zeit häufig vernachlässigt wurden, zufrieden stellte. Dies gelang ihm durch diverse Geldgeschenke, Steuererleichterungen und Schuldenerlasse. Das Baupro-gramm des Agrippa in seinem Auftrag im Jahr 33 brachte Beschäftigung und damit Einkünfte für die Plebs mit sich. Auch Lebensmittel wie Öl, Salz und Oliven wurden kostenlos verteilt. Des Weiteren war auch der Besuch von Bädern und Barbieren um-sonst. Außerdem wurden kulturelle Veranstaltungen zur Unterhaltung angeboten. Trotz einer immer weiteren Entmachtung der Plebs schaffte es Augustus, dass sie sich wertgeschätzt fühlten. Er ließ beispielsweise das Volk im Theater öffentlich dis-kutieren, auch ohne die Publikumsreaktionen zu unterbinden, selbst wenn sie sich gegen ihn wandten. Dies hatte den positiven Effekt, dass sich schon gar keine Wut aufbauen konnte, er die Stimmung im Volk bereits früh erkannte und so in der Lage war, rechtzeitig gegenzusteuern.[43] Einen weiteren Aufschwung gab es im Bereich der Wirtschaft. So blühte der Handel auf und führte zu einer Belebung der Wirtschaft. Hierzu trug auch der Frieden seinen Teil dazu bei, genauso wie der Ausbau des

---

[42] vgl. Kienast, Dietmar, Augustus, Darmstadt, 2009, S. 78 ff.
[43] vgl. Kienast, Dietmar, Augustus, Darmstadt, 2009, S. 194 ff.

Straßen- und damit des Handelswegenetzes im ganzen Reich. Augustus machte die römische Währung zu einer einheitlichen Reichswährung, was den Handel erleichterte. Allerdings kam es dann in der zweiten Hälfte seiner Herrschaftszeit zu einer Depression der Wirtschaft, da es in der ersten Hälfte zu übermäßigen Ausgaben kam. Dies führte dazu, dass Augustus eine Erbschaftssteuer und eine Steuer auf den Sklavenverkauf einführte. Neben dem baulichen und wirtschaftlichen Aufschwung, erfolgte er auch kulturell. Zahlreiche öffentliche Bauten wurden erneuert, mehrere von Caesar begonnene Baumaßnahmen hatte Augustus fertig gestellt, wie z.B. den Tempel für den Divus Iulius. Im Jahr 28 konnte er den platinischen Apollontempel einweihen. Daran konnte man auch den religiösen Aufschwung erkennen. Im gleichen Jahr begann der Bau seines Mausoleums. Insgesamt wurden in diesem Jahr 82 Tempel fertig gestellt. Der Bau der Tempel sollte ein Zeichen dafür sein, dass er Beschützer und Erneuerer der alten Religion Roms war. In den Jahren 13 bis 9 wurde der Ara Pacis Augustae errichtet, der das neue Zeitalter des Friedens verdeutlichte. So wurden zahlreiche öffentliche Bauten wie Thermen und Theater gebaut. Auch die Wasserversorgung wurde durch den Bau von Wasserleitungen sichergestellt. Augustus beschränkte sich bei den Bauvorhaben nicht nur auf die Stadt Rom, sondern ließ im ganzen Reich Bauwerke errichten. Somit lässt sich letztlich sagen, dass sich Rom unter der Herrschaft Augustus' in architektonischer Hinsicht von einer Ziegel- zu einer Marmorstadt gewandelt hat.[44] Neben dem Bau von kulturellen Gebäuden erfuhr auch die Poesie einen Aufschwung. So förderte Augustus die Dichter bereits in jungen Jahren und es entstanden in dieser Zeit die selbst in der heutigen Zeit vielbewunderten Meisterwerke von Vergil, Horaz, Properz und Tibull. [45] Der wohl bedeutendste Aufschwung Roms war aber die innen- wie außenpolitische Schaffung des Friedens im ganzen Römischen Reich. Mit der Sicherung des Friedens hatte nach den vielen Jahren der Bürgerkriege vor der Regierungszeit Augustus' niemand gerechnet. Zu sehen ist der Frieden im Reich durch den „Pax Augusta". Dieser Begriff bezeichnet den von Augustus eingeleiteten Frieden vom Jahr 27 v.Chr. bis ins Jahr 180 n.Chr.[46]

---

[44] vgl. Kienast, Dietmar, Augustus, Darmstadt, 2009, S. 378ff.
[45] vgl. von den Hoff, Ralf, Stroh, Wilfried, Zimmermann, Martin, Divus Augustus, München, 2014, S. 144
[46] vgl. https://de.wikipedia.org/wiki/Pax_Romana

6.3 Der noch heute erkennbare Aufschwung am Beispiel der Stadt Pula (Kroatien)

Augustus' Aufschwung ist heutzutage noch immer zu erkennen, zumindest in kultureller Hinsicht. Somit kann man auch heute noch auf den Spuren der Römer bzw. von Augustus wandeln. So findet man in vielen Ländern, in denen das Römische Reich früher Einfluss hatte, noch Relikte dieser Zeit und kann somit noch in die Welt des Römischen Reichs bzw. in die Regierungs- und politische Einflusszeit des Augustus eintauchen. So z.b. auch im heutigen Kroatien, genauer gesagt in Pula. Über das Gründungsdatum der antik-römischen Kolonie Pula bestehen Meinungsverschiedenheiten, allerdings wird die Gründung Pulas in der Zeitspanne zwischen 44 v. Chr. und 31 v. Chr. angenommen.[47] In Pula kann man heute das von Augustus begonnene und von Kaiser Claudius vollendete Amphitheater betrachten. Dieses Amphitheater war das sechstgrößte Bauwerk dieser Art im römischen Kaiserreich.

Das ellipsenförmige Bauwerk erstreckt sich über eine Länge von 132,5 m und einer Breite von 105 m. Die Höhe beträgt am höchsten Punkt 32,45 m. Das Amphitheater wurde aus Steinen von nahegelegenen Steinbrüchen erbaut.[48] Die Größe des Kampfplatzes beträgt 67,9 m mal 41,6 m. Rund 23.000 Zuschauer konnten sowohl Gladiatorenkämpfe als auch Kämpfe der Gladiatoren mit wilden Tieren bzw. Kämpfe von wilden Tieren untereinander verfolgen.[49]

Ein weiteres imposantes Bauwerk, dass von Augustus in Pula errichtet wurde, ist der Augustustempel, der dank seiner umfangreichen Restaurationsarbeiten in seiner ursprünglichen Form bis heute erhalten worden ist.[50]

„Der Tempel ist ein harmonischer Bau in Form eines verlängerten Vierecks und das Verhältnis von Breite zu Länge ist 1:2; seine Gesamtlänge beträgt ohne die Treppenanlage 17,65 m, die Breite aber 8,05 m.“[51]
Die Höhe beträgt 13,15 m. Der Eingangsbereich wird von sechs Säulen getragen.[52]

---

[47] vgl. Mlakar, Štefan, Das antike Pula, Pula, 1972, S. 8f.
[48] vgl. Mlakar, Štefan, Das Amphitheater in Pula, Pula, 2003, S. 10f
[49] vgl. Štefan Mlakar, Das Amphitheater in Pula, Pula, 2003, S. 16ff
[50] vgl. Mlakar, Štefan, Das antike Pula, Pula, 1972, S. 40
[51] Mlakar, Štefan, Das antike Pula, Pula, 1972, S. 40
[52] vgl. Mlakar, Štefan, Das antike Pula, Pula, 1972, S. 40

7. Fazit

Um auf die eingangs aufgestellte Aussage „Augustus – Phoenix aus den Bürgerkriegen" zurückzukommen, soll diese Aussage nun bewertet werden. Augustus hat, wie in 6.2 ausgeführt, enorm viel zum Aufschwung Roms beigetragen. Jedoch hat dieser Aufschwung auch seine Schattenseiten. Augustus war gewaltsam und durch blutige Maßnahmen an die Macht gekommen und hat seine Opposition mehr oder minder gewalttätig verfolgt (vgl. Proskriptionen). Die Unterdrückung seiner politischen Gegner und die Entmachtung des Volks in politischen Angelegenheiten, entstanden durch die immer weitere Übertragung von Machtbefugnissen vom Senats, führte zu einer „unrepublikanischen" Herrschaft, welche die römische Bevölkerung seit der Zeit der Könige verabscheut hatte. Dem hingegen steht allerdings ein großer Mann der Weltgeschichte. Augustus hatte eines der blutigsten Kapitel der römischen Geschichte, die Bürgerkriege, beendet und dem Volk Sicherheit und Frieden gegeben. Dies versuchte er auch in seinem Erscheinungsbild und seiner Propaganda nach außen zu verkörpern, wobei er jedoch eigentlich ein von vielen Krankheiten gezeichneter Mensch war. Er hatte dem römischen Reich zu neuem Glanz verholfen und es aus der Asche und den Trümmern der Bürgerkriege aufgebaut. Unter seiner Regentschaft erfuhren viele Bereiche in Rom einen enormen Aufschwung, so z.B. die Religion, die Architektur und die Poesie. Die Erfolge des Aufstiegs von Augustus lassen sich auch heute noch in vielen Orten Europas bestaunen, in denen heute noch Ergebnisse der Baupolitik Augustus' besichtigt werden können. Poetisch kann man dies am Beispiel der Metamorphosen des Ovids erkennen. All diese vielfältigen, auch heute noch ersichtlichen Maßnahmen sind es auch, was einen Phoenix auszeichnet. Er steigt aus seiner eigenen Asche auf, beginnt zu erstarken und zu neuer Schönheit heranzuwachsen. Auch wenn am Ende der Regierungszeit des Augustus seine Monarchie noch nicht perfekt war, hat er es trotzdem geschafft, aus einem in Asche liegendem Reich ein neues starkes, stabiles und florierendes Reich zu schaffen. Deshalb kann man sagen, dass Augustus ein echter Phoenix aus den Bürgerkriegen war und immer sein wird.

8. Literaturverzeichnis:

Buchquellen:

Bleicken, Jochen, Geschichte der römischen Republik, 4. Auflage, München, R.Oldenbourg Verlag GmbH, 1992

Bringmann, Klaus, Geschichte der römischen Republik, Von den Anfängen bis Augustus, 3. Auflage, München, Verlag C. H. Beck, 2017

Heftner, Herbert, Von den Gracchen bis Sulla, Die römische Republik am Scheideweg 133 – 78 v.Chr., Regensburg, Verlag Friedrich Pustet, 2006

Kienast, Dietmar, Augustus, Prinzeps und Monarch, 4. Auflage, Darmstadt, Wissenschaftliche Buch Gesellschaft, 2009

Mlakar, Štefan, Das Amphitheater in Pula, 11. Ausgabe, Pula, Archäologisches Museum von Istrien, 2003, Kultur – Historische Denkmäler in Istrien 1.

Mlakar, Štefan, Das antike Pula, 2. Auflage, Pula, Archäologisches Museum Istriens, 1972

Plutarch, Römische Heldenleben, Coriolan, die Gracchen, Sulla, Pompeius, Cäsar, Cicero, Brutus, 6. Auflage, Stuttgart, 1959

Schur, Werner, Das Zeitalter des Marius und Sulla, 2. Neudruck der Ausgabe Leipzig 1942, Aalen, Scientia Verlag, 1968, Klio – Beiträge zur Alten Geschichte, Beiheft XLVI, Neue Folge, Heft 33

von den Hoff, Ralf, Stroh, Wilfried, Zimmermann, Martin, Divus Augustus, Der erste römische Kaiser und seine Welt, München, C. H. Beck oHG, 2014

Internetquellen:

https://www.duden.de/rechtschreibung/Phoenix, zuletzt aufgerufen am 02.11.2017, 15.56 Uhr

https://de.wikipedia.org/wiki/Janustempel_(Rom), zuletzt aufgerufen am 31.10.2017, 19.10 Uhr

http://universal_lexikon.deacademic.com/244973/Gracchus, zuletzt aufgerufen am 03.10.2017, 19.33 Uhr

https://de.wikipedia.org/wiki/Pax_Romana,